**CÍRCULO
DE POEMAS**

é perigoso deixar as mãos livres

Isabela Bosi

para Ivan

Deixo aos vários futuros (não a todos)
meu jardim de caminhos que se bifurcam.

Jorge Luis Borges

às vezes penso
quem teria sido
se tivesse ficado lá
naquele verão sem
fim distante quantos
anos? penso nela
essa que teria sido se
tivesse decidido ficar
trocar de língua profissão
sonho passar as tardes
num parque aos domingos
sentir saudade da outra
que voltou que decidiu
não ficar que comprou
mala livros roupas e voltou
se perguntando vez ou
outra se seria mais fácil
ou diferente perder *tout
ce qu'elle a vu* nomes
de ruas e a sensação
de ser mais uma sem
mapa sem medo sem
chance de ficar jamais
ficaria

é ainda verão resta pouco
de si pouco do inverno e
deste plano incerto ao
longo de um rio soterrado

esta cidade ainda sem nome

me recuso
a correr

a areia
se mexe devagar fora
da ampulheta fora
do mar fora do tempo
cada passo provoca
um abalo minúsculo
nos grãos que deslizam
uns sobre os outros
sem parar
você me ensina a força
dos desmoronamentos
quase invisíveis derrubando
tudo aos poucos me ensina
o que já sei todo movimento
atinge cada grão de areia nada
é impune é assim nosso encontro
é assim a decisão
de ir sem saber direito
aonde balançar o que parecia
imóvel porque tudo vibra
na força do que passou
do que um dia ainda
será

dizem *cidade grande* desses
lugares menores onde tudo
desvia passa rente se
encaixa em poucos metros
quadrados e a gente
acredita ter tudo menos
tempo menos espaço menos
contato menos ar menos
céu menos vento menos
calma e muita fé
como se de repente
surgisse uma floresta
no lugar em que nascemos
ou um trilho de trem enferrujado

levando não se sabe aonde
um grupo invisível de pessoas
por cima da nossa casa
que já não está em lugar
algum a não ser aqui
fabulada
no meio desta capital
tão grande onde se perde
tudo

o passeio foi marcado
depois do almoço
antes do pôr do sol
todos se animaram: ver
as ruínas fotografar os
restos pedaços casinhas
despedaçadas homens
mulheres crianças e alguns
animais o sol quente e pouca
água algum medo
a solidão

estar antes no tempo

um imenso silêncio
que se pode imaginar
em meio ao barulho
dos que insistem em sorrir
cansados muito cansados
deve ser bom viver assim
enxergar na ruína o nada
o vazio que não há talvez
caminhar até a ponta
onde os sons perdem
volume enquanto ninguém
dá falta e sentir o vento
que deve ser o mesmo
de antes quando tudo ainda

era novidade ecoando nos
ouvidos nossos corpos
como os corpos de quem
viveu aqui

mar à hope
um dia serviu aos de longe
homens mulheres garrafas
de vidro agora restam
como resto entranhas de metal
carcomido sal e tempo
se erguem sobre o mar
aberto a saltos dos sem nome
desconhecidos
como tantas imagens
na certeza de que nada resiste
ao impulso de se tornar ruína

há um ano que
esta flor não brotava já
dava por morta as poucas
folhas murchas ainda
pediam rega sem
esperança entra pouca
luz neste apartamento
parece impossível nascer
algo esta flor sobre a mesa
da sala num fim de
tarde a vida em tons
de laranja frágil e suficiente
ainda pra nascer uma flor
atrás da porta

um vento frio arrasta
a poeira por esse território
fabricado que chamamos
de casa

os dias não passam antes
flutuam como água-viva
no mar do norte gigante maior
do que eu e você noventa
e oito por cento do corpo
feito água penso nos dois
por cento que sobram penso
nela arrastando com
calma os cabelos contra a
corrente nesses dias que
não passam um movimento
violento e gracioso
a leveza nas horas
de maior esforço
um infinito tempo
movediço

às sete da manhã todo
dia naquela esquina
os mesmos olhos já
cansados à espera
ela e o filho no colo
um frio sem solução
as mãos suspensas
as horas não passam
e a criança sempre
sorrindo é impressionante
como sorri nada justifica os
outros sorriem de volta sem
graça sem entender *como
são inocentes nessa idade*
ignoram a força de um
sorriso do mesmo modo
que ignoram essa mãe
que desaprendeu a rir
à espera
de um encontro
e da lembrança
quem sabe de um
abraço

volto àquela que ficou lá
em outro corpo penso nela
com uma frequência quase
nula não penso escrevo
talvez o desejo de
fabular como as crianças
daquele filme italiano nomear
as pedras do mundo em
ruínas criar personagens em
meio aos escombros atingir
ainda alguma possibilidade
de início

parece medo mas é
vontade os pés sujos
na lama três horas
de caminhada mata
adentro sem mapa o ruído
das folhas o ritmo dos
passos nada se completa
nem frase nem sentido
lembro do dia que ficou
de dez a quinze
minutos no chão da
despensa vazia observando
a barata morrer aos poucos
sua primeira vez sem desejar
a morte desse inseto
talvez porque já
estava ali o fim
silencioso e breve

todos os dias pela
manhã de preferência
repetir algum gesto por

exemplo regar uma planta já
morta fazê-lo sempre no mesmo
horário como uma oração
e quem sabe algo novo
possa enfim surgir *ele
disse* e da árvore
morta um dia de repente
brotam flores de uma cor
inédita rumo ao nada à
queda talvez aqui do alto
é nisso que penso depois
dos cuidados com o pé
de alecrim nunca sei se
vai dar certo

me perco

a água escorre
por baixo
uma pequena
inundação
destrói o piso
deste apartamento
onde se criam espécies
de plantas e poucas
certezas

ontem ainda cedo
meses atrás em
algum tempo você
acertou as batidas do
meu coração cento e um
batimentos por minuto um
a mais do que o normal
rimos juntos sua mão no
meu peito a respiração
curta nenhuma novidade a
não ser esta: a contagem

no meu corpo marca o
ritmo da sua fala quase
esqueço a solidão
daquela mulher que
almoça no pequeno
bistrô todo dia
o mesmo prato *eles*
são como uma família
no canto da boca um
sorriso engordurado a
tristeza que ninguém
vê através do vidro
seu cão parece cansado
esquecido das horas
e do apartamento com
carpete manchado de vinho
tinto há anos a mancha
não sai por nada agora
já pagou a conta e
não consegue deixar
a mesa finge que termina
uma palavra cruzada o
animal não a conhece mas
é bom ter com quem
dividir os 18m² ainda
que pareça pouco

limpa as lâmpadas
da calçada sujas de
uma poeira úmida difícil
de sair a luz do sol
torna inútil o lustre
e eu sigo
em direção ao novo
ano poucas roupas na
mochila *la fatigue* o corpo
parado em movimento com
os pés descalços a janela

pro mundo esse que ainda
cabe na moldura o rapaz
na caçamba do carro montando
caixas de papelão a criança
pendurada numa árvore
magra a mulher com o bebê
amarrado no peito em cima
da bicicleta assisto
a esse cinema

depois me perco

o mar logo ali
cheiro de sal
através do vidro

acordamos com
um sorriso sem sentido
não resolve nada a menina
diz mudar o mundo
toda mudança é também
uma faísca mínima no
instante seguinte
já nos esquecemos
de tudo menos do corpo
às três da manhã
esperando
alguma alegria compartilhada
já não dá pra viver só
de noites maldormidas

o som da turbina naquela
tarde era como o som da
turbina em qualquer dia da
memória não fosse meu corpo
agora outro dentro dessas
roupas penso no tanto que falta
pra chegar acompanho o tempo
e nenhuma travessia basta

as nuvens
fazem sombra na sua casa
sem número nem vista
talvez chova e você feche
as portas as janelas recolha
a roupa do varal olhe pra cima
e não me veja dentro da névoa não
sou eu quem vai enxugar a água
no canto do seu quarto mas
imagino o vento o cheiro
de terra o gato embaixo
da marquise e você
com o cabelo molhado as mãos
frias o olhar praguejando contra
mim pois sou eu que agora
chovo no seu quintal

doze meses se tornaram
vinte dizem que será assim
daqui pra frente ignoram
que o tempo não se conta
nem segue em frente antes gira
em espiral para todos os lados
enquanto paro num distante
agora que já passou não sei
mais quem teria sido
se tivesse ficado lá onde
pareço nunca ter estado e
de onde nunca saí presa
naquela tarde à beira do rio
os pés descalços e o vazio
de não precisar das horas
o mar azul e morno
faz um dia bonito dentro
desse casaco de lã escuto
o silêncio da memória

decidiu entregar o
apartamento com suas
pequeninas mãos
encaixotar o pouco
que restou de toda a vida
alguns álbuns de fotografia
poucas panelas as fronhas
bordadas à mão e uma
coleção de bailarinas em
miniatura seu corpo
mal sobe as escadas
separou mais de trezentas para
doar sem saber pra quem não
caberiam na casa nova as outras
setenta e sete guardou
com cuidado numa caixa como
a única fortuna que acumulou
a lembrança dos amigos
e o desejo de um dia
também dançar

*se não fosse o mar
ou o amor ninguém
escreveria livros* sinto
os pelos do braço em contato
com a saudade que aprendi
a não ter cada dia ao
acordar com os pés do
lado de fora da cama a
lembrança de ter crescido
de repente olhar pela janela o
céu nublado num *martes por
la mañana* dizer bom dia em
outra língua só para ter
certeza de que não me
esqueci nem sei se

minhas pernas ainda
sabem o caminho de volta
à estação as ruas cheias
de um vazio que hoje dentro
deste quarto preenche
estantes gavetas armários
móveis que nunca comprei

seus olhos são como aquela
fotografia que viu uma vez
as bordas azuladas no
centro infinito nada
absolutamente nada
pode escapar sou
tragada para dentro no
espaço-tempo da sua
pupila enquanto conto
as estrelas no céu
desta cidade um recorte
tosco da via láctea pela
janela suja

ontem cientistas
descobriram uma luz
no fundo do buraco negro
já não é tudo tão escuro
como se pensava dentro
dos seus olhos

às onze da noite o vizinho
escuta algo parece solomon
ilori mas não é amanhã
deve fazer sol e isso é
tudo o que sabemos

é perigoso
deixar as mãos
livres não olhar por
onde vão os pés já
não sei de qual
perigo falo ou
busco evitar com
a boca seca
taquicardia
o descontrole que
tanto recusei
aquilo que
agora me conduz
no ritmo caótico
de uma vida que se
quer sempre muito
segura enquanto tudo
ao redor parece
desmoronar as paredes de
concreto os quilômetros de
argamassa que nos vestem
frágeis como as horas
que passam
mesmo quando parecem
não passar e tudo
continua a nossa volta
as pessoas caminham
sem pensar no risco
de uma queda o que
certamente as faria parar
ao menos por um minuto

esqueço que eu também
corro através do tempo

na manhã
seguinte a lembrança
turva o corpo

retorcido no lençol
o mesmo pesadelo
de ontem quando comprar
um pão era banalidade
e as desculpas para não
sair à noite eram outras
mais fáceis agora
estamos quietos qualquer
ruído pode interromper
a concentração diante
do nada do tempo do
medo de começar
mais uma vez essa
cena que já não nos
desperta às três
da manhã mas
segue até o nascer
do sol nos arrastando
para um novo dia
sempre igual ao
anterior

o interior é
aberto

no breu das
palavras mal-
ditas não ditas
um grito insistente
e nada se pode ouvir
a não ser o som
da respiração na
tentativa de alcançar
as bordas de impedir
a previsível queda
que se faz no meio
de outra noite

quando a primavera
anunciava ainda
alguma mudança ao
redor desta casa
o vento tinha outra
consistência mais
pesado insistente
contra as paredes
e portas derrubando
o pouco que restava
da roseira no quintal
que nunca plantei
mas brotou um dia
qualquer de um ano
qualquer há algum
tempo já não cuido do
jardim apenas espero
a nova estação chegar e
refazer a natureza sem
a minha ajuda

através da janela
outras cores
o vento fino
leve quase
inútil que aproxima
a violeta do gerânio
o suficiente para criar
um novo tipo de contato
uma língua inaudível

preparo o terreno para
a sua chegada hoje à
noite quando tudo já
estiver escuro menos
o quarto iluminando à
força as coisas ligeiramente
fora do lugar passeio meu

olhar por esse espaço em
breve habitado por você ainda
à espera imagino o desejo
de ser diferente sem saber
bem o quê ou como
mudamos tudo de lugar
no tempo espaçado
de uma vida condensada
neste agora frágil deixo
a meia-luz para você ver
que sigo tentando

de nada adianta
fechar os olhos tentar
dormir sonhar já
não é permitido no
intervalo entre o
almoço e a espera
interminável encontrar
conchas inteiras na
beira do mar fazer
colares ou deixar
que se tornem também
areia por cima
de séculos um trabalho
imenso tanto esforço
inútil perguntar quantos grãos
tem uma praia como essa
da sua memória
ou quantos dias ainda faltam
para o futuro mesmo assim
mantemos os planos
enquanto as pessoas
se banham lentamente
na pequena onda
esse resto de tempo
que formamos
juntos

logo antes de morrer
o perfume da flor fica
mais forte um grito *ainda
estou aqui mas não
por muito tempo* tudo se
impregna desse aroma
quase insuportável
como a memória das férias
numa cidade que não lembro
o nome mas tinha cheiro
de jujuba a única imagem
desse passado que
nunca passa não se pode
chamar aquilo de infância talvez
fosse desde sempre um
futuro este momento
diante da flor ainda viva mas
muito perto do fim

não sei o que fazer
com os restos

como amar o engano?
atrasar-se antes da hora
esquecer os gestos
confundir desejo
com falta de sentido
esquivar-se da memória
insistente ao meio-dia na
hora da fome escapando
o coração para um lugar
onde o amor tem outro
contorno menos nítido

é a sua voz
que me faz pensar

no que agora
invento

cato as pedrinhas
da areia para lhe
dar hoje à noite um
pedaço do mar coloco
uma em cima da outra
como um castelo
esfarelado
o fim

sentada com a testa
na janela fria deste trem
crio as imagens que vejo
com olhos fechados
na manhã que parece
nunca começar a paisagem
se desdobra em infinitas
casinhas com jardins
malcuidados
o som do motor chegando
à cidade abandonada
a padaria ainda abre
às seis da manhã e
o gato no segundo andar
sonha com a vida
que lhe foi roubada
fora da rede instalada
na véspera de sua chegada
neste apartamento sem sol
a não ser por uma fresta
da janela onde decidiu ficar
desde o primeiro dia dali assistir
a esta mulher que passa rápido
dentro do trem e lhe olha de volta
deve ser ruim viver assim
tão ausente de si

seria isso enfim viver ou
temos de inventar
outro nome?

lavo seus cabelos na
sensação da queda
tudo o que construímos
ao longo dos séculos reduzido
a um instante final entre fora
e dentro indiscerníveis:
quando um desaba
o outro também
cai

a literatura começa
no tempo perdido enquanto
o cinema começa no tempo
redescoberto *ele diz*
mas não sei
qual o início
disto que inventamos
e parece não ter fim
a primeira cena parte do mar
e cresce sobre
este corpo curvado
ao vento em direção
ao horizonte
impossível

*sem você
não tem filme*

a presença de palavras
ausentes em toda língua
esta ficção você aqui
ao lado é impossível escrever

em meio a tantas cartas
perdidas no tempo
o correio pegou fogo
sequer tínhamos nascido e já
não era possível escrita
alguma

você diz já ter lido
de tudo faltou apenas
um livro cujo título
não sei traduzir

foi talvez ontem
à tarde que apareceu
pela primeira vez na tevê
esse rosto presente em toda
memória não sabemos dizer
de quem não parece ter nome
chamamos apenas assim: *rosto*
mas talvez seja outra coisa
amanhã quem sabe
tudo será exatamente
como antes guardo na sacola
o que ninguém quis
farelos do jantar todas as palavras
que ficaram por dizer naquela noite
enquanto assistíamos ao jornal
sem som
mas pode ser outra coisa
como a cena de um filme
sem começo
nem fim

à noite foram muitas
as folhas derrubadas no
chão o cheiro de matéria
orgânica em decomposição

entrou na cozinha se misturando
ao café coado foi difícil mesmo
assim ninguém deixa de comer
nem de dormir quando
começam a cair umas
por cima das outras é fácil
retirar toda essa sujeira
queimar ou usar de adubo
para plantas que insistem
em crescer neste solo hostil
é preciso deixar que cresçam
e depois caiam para que se possa
recomeçar a varrer tudo
outra vez dar algum sentido
para os que vivem nesta casa
e pela janela observam
sem nenhum espanto

confundo o som dos carros
com o ruído do mar
e o canto das maritacas
com o grito das crianças
no recreio
o horizonte diante
da janela fechada para ver
basta fechar os olhos
o corpo entre litoral e
lugares ainda
sem nome

decidiram por nós
a ordem das ruas
e do tempo
que agora segue
sem direção

fala-se muito alto
nessa língua não ouço finjo
inventar também um território
algum sorriso quando
isto ainda era outra coisa
não sei se melhor mas outra
coisa talvez fosse permitido olhar
com mais atenção quem sabe pisar
no chão sem medo de se queimar ou
perder o caminho de volta pra casa
quando ainda se tinha casa os telefones
já não servem para ligar e as pessoas
estão todas atrasadas

no dia que
inventaram este lugar
levaram o sentido
e nos deram em troca
um aqui sem fundo
aceitamos

começa a escrever um
livro cujo título não me lembro
algum tipo de bruxaria
essa palavra boba e terrível
repetida à exaustão promessa
de nos salvar do mal da nossa
liberdade das afinidades
entre morte e redenção
a natureza *veneno e
remédio* o que sobrou? destruir
as estradas que nos trouxeram
até aqui talvez seja pouco
seria preciso traçar
uma nova linha de fuga
sem desvio como recuperar
o corpo? o ponto de encontro
entre o que liberta

e nos mantém ainda
aqui

no princípio era
já o erro

insisto em repetir em silêncio
para que todos possam ouvir
sem perceber estou escrevendo
uma carta que nunca enviarei
espero palavras que escapam
e evocam nos vazios o desejo
de penetrar o impossível
onde demoro

ainda não sei
o que fazer
com os restos

fotografia do que virá:
um agora sempre
no futuro

revisitar o álbum
e rir de algum detalhe
como a cortina azul
que ninguém se lembra
onde está mas serve ainda
para nos proteger do sol
que invade o quarto
da memória

um
pequeno
deslize

nada é capaz
de apagar esse incêndio
que devasta lentamente
toda a humanidade
há séculos
agora quilômetros
acima daqui chamas
queimam nosso corpo
imóvel dizem ter sido
sem querer

na fronteira
um exército pronto
pra chegar aí onde
você se distraiu
e esqueceu de fazer
a barricada cinco minutos
atrás lançaram um míssil
sobre um prédio a onze mil
e oitenta e nove quilômetros
daqui estamos prestes a jantar
não sinto o chão tremer a não ser
uma sutil ondulação que penetra
a sola dos pés e atinge o coração
cansado

são muitas as histórias
que poderia contar
mas essa nostalgia
não é minha herdei
a memória de outros
se bem me lembro
a vista da janela para
onde não vamos voltar
percebo talvez

daqui a um mês
mas não agora
guardo só o necessário
você sabe muito
pouco quase
nada

sobrou um resto de louça
suja pra lavar cacos
de vidro no chão excesso
de cuidado você não quer
se cortar a passos lentos
traço uma linha reta sobre
a qual caminho calculando
as palavras pra não ferir
ninguém sem que saibam
faço listas com tudo o que
não pode faltar banana pão
ovos leite e um pouco
de futuro que nunca
chega mas já parece
ter tomado conta
de tudo

no guarda-roupa
aquele vestido de festa
começa a mofar dez anos
desde o último casamento
nem sei por que ainda
guardamos essa memória
o que teria sido e jamais
seria a câmera presa
no *rec* diante
de um vídeo sem som
nem imagem

me visitou ontem
às vésperas do dia
em que começaria algo
novo nem me lembro o quê
mas era ainda cedo chegou
pela porta da frente jamais
deixaria você entrar
mantenho os olhos baixos
não interrompo
você tropeça na própria palavra
sem saber do que se trata
não vejo seu rosto
envelhecido só o som
do seu coração
ecoando no vazio
desse espaço
abandonado

ninguém
ficou pra ouvir

é impossível escutar
o que não tem corpo

leio esta manhã
no jornal de ontem a notícia
do seu retorno depois de
tantos anos nunca mais
soube de você vejo o seu rosto
magro os olhos saltados você
sabe de algo que ainda não
sabemos não vou jogar
esse jornal no lixo guardo
dentro de uma caixa
junto às cartas
que nunca enviei

pequena biblioteca
de possíveis

porque escrevi versos e
esqueci a linguagem penso
no lugar onde nos deixaram
aqui a postos emagrecidos
depois da guerra que ainda
não acabou *não quero perder
teu nome* escrevo no espelho
do banheiro a letra de uma
música um pouco de cuidado
evitar a queda seria prudente
arriscar um novo passo no sentido
inverso e ver no que dá: um
samba antigo ou o frio de trouville
no alto de tudo observo as nuvens
na paisagem interna do meu corpo
esse poema escrito numa língua
perdida

a mochila da viagem
voltou vazia daquele país
distante já nem me lembro
o nome tive que deixar tudo
pelo caminho mas agora
com nada dentro fica ainda
mais pesada sinto falta
do *dia inteiro* fragmentado
em muitos pedacinhos
de tempo sigo sem notar
que já perdi a noção da hora
e tudo ficou pra mais tarde

deixo esta casa da mesma
forma como deixo meu cabelo
crescer cansada distante de
cima vejo todas as luzes da

cidade os pontinhos coloridos
num deles a menina chora
escondida dos pais o vento
entra pela fresta do basculante
entreaberto a poeira dos nossos corpos
no canto do chão que não varremos
há meses todas as luzes acesas
não há noite possível aqui

do alto desta cidade o céu invertido:
as estrelas no chão e em cima
o rumor

repito os mesmos gestos
da cama para a pia
da pia para o fogão do fogão
para a mesa e da mesa para o
resto do dia agora
que deixei este lugar deixei
também um corpo
assumo outra pele
de frente para o vidro
respiro mais devagar
aceito a baixa umidade
trinta e um por cento
meu corpo
foi educado no calor
e aqui faz frio

voltei
seria um modo de iniciar
outra vez esta carta
que escrevo há tantos anos
sem saber pra quem

todo dia às quatro e
quarenta da tarde

sua voz ecoa num grito
até o trigésimo segundo
andar ninguém escuta
ainda assim grita mais
alto mais forte *eu eu
eu eu eu* é sua despedida
o seu poema sempre
no mesmo horário
perto do pôr do sol
o único a nos dizer
que já não sabemos
gritar

é preciso guardar
silêncio

procuro passagens
pra um lugar inexistente
não é certo que chegarei lá
onde tudo um dia existiu
não vendem passagens
pra um lugar sem nome
preciso inventar outro que
chegue até aquela ponta
da praia o vento morno
o barulho do mar é você
*que me habita e anda
por minhas ruas*

nunca mais
entraremos naquelas
casas ainda de pé
inteiras e fechadas
novos segredos
que desconheço

talvez seja isso
o tempo

a sua viagem também
termina como tudo é preciso
arrumar a bagunça da sala podar
as árvores ao redor de casa
recolher o que ficou durante
meses à espera do seu retorno
não há volta possível ficamos
então em meio às ruínas
do futuro

o corpo
no entanto
vai

sem hesitar
observo a marca
no dedo deixo
que se confunda
com meu corpo
na cicatriz
de um encontro

é preciso força
para ser escutada
pelo oceano diante
da imensidão da água
não existe eco ouço
a melodia dessa música
antiga o ritmo das ondas
na pedra há milênios
tento cantar mais alto
que as ondas

foi preciso ir
jamais voltar
de algum modo apagar
uma memória com outra
palimpsesto a caminho
do impossível talvez
alcançar o início
desse jogo sem graça
enquanto o vagão
segue a um destino ainda
desconhecido que termina
no mesmo ponto onde tudo
começou

Copyright © 2025 Isabela Bosi

Todos os direitos reservados. Nenhuma parte desta obra pode ser reproduzida, arquivada ou transmitida de nenhuma forma ou por nenhum meio sem a permissão expressa e por escrito da Editora Fósforo.

DIREÇÃO EDITORIAL Fernanda Diamant e Rita Mattar
COORDENAÇÃO DA COLEÇÃO E EDIÇÃO Tarso de Melo
COORDENAÇÃO EDITORIAL Juliana de A. Rodrigues
ASSISTENTE EDITORIAL Rodrigo Sampaio
REVISÃO Eduardo Russo
DIRETORA DE ARTE Julia Monteiro
IMAGEM DE CAPA Elida Tessler, série "Desenhos", 1988.
Foto: Martin Streibel
PROJETO GRÁFICO Alles Blau
EDITORAÇÃO ELETRÔNICA Página Viva

Dados Internacionais de Catalogação na Publicação (CIP)
(Câmara Brasileira do Livro, SP, Brasil)

Bosi, Isabela
  é perigoso deixar as mãos livres / Isabela Bosi. — São Paulo : Círculo de Poemas, 2024.

  ISBN: 978-65-6139-052-1

  1. Poesia brasileira I. Título.

24-236315   CDD — B869.1

Índice para catálogo sistemático:
1. Poesia : Literatura brasileira   B869.1

Eliane de Freitas Leite — Bibliotecária — CRB-8/8415

circulodepoemas.com.br
fosforoeditora.com.br

Editora Fósforo
Rua 24 de Maio, 270/276, 10º andar
01041-001 — São Paulo/SP — Brasil

A marca FSC® é a garantia de que a madeira utilizada na fabricação do papel deste livro provém de florestas gerenciadas de maneira ambientalmente correta, socialmente justa e economicamente viável e de outras fontes de origem controlada.

CÍRCULO DE POEMAS

O **Círculo de Poemas** é a coleção de poesia da editora Fósforo que também funciona como clube de assinaturas. Seu catálogo é composto por grandes autores brasileiros e estrangeiros, contemporâneos e clássicos, além de novas vozes e resgates de obras importantes. Os assinantes do clube recebem dois livros por mês — e dão um apoio fundamental para a coleção. Veja nossos últimos lançamentos:

LIVROS

Cantos à beira-mar e outros poemas. Maria Firmina dos Reis.
Poema do desaparecimento. Laura Liuzzi.
Cancioneiro geral [1962-2023]. José Carlos Capinan.
Geografia íntima do deserto e outras paisagens reunidas. Micheliny Verunschk.
Quadril & Queda. Bianca Gonçalves.
A água veio do Sol, disse o breu. Marcelo Ariel.
Poemas em coletânea. Jon Fosse (trad. Leonardo Pinto Silva).
Destinatário desconhecido: uma antologia poética (1957-2023). Hans Magnus Enzensberger (trad. Daniel Arelli).
O dia. Mailson Furtado.
O Kit de Sobrevivência do Descobridor Português no Mundo Anticolonial. Patrícia Lino.
Se o mundo e o amor fossem jovens. Stephen Sexton (trad. Ana Guadalupe).
Quimera. Prisca Agustoni.

PLAQUETES

Cardumes de borboletas: quatro poetas brasileiras do século XIX. Ana Rüsche e Lubi Prates (orgs.).
A superfície dos dias: o poema como modo de perceber. Luiza Leite.
cova profunda é a boca das mulheres estranhas. Mar Becker.
Ranho e sanha. Guilherme Gontijo Flores.
Palavra nenhuma. Lilian Sais.
blue dream. Sabrinna Alento Mourão.
E depois também. João Bandeira.
Soneto, a exceção à regra. André Capilé e Paulo Henriques Britto.
Inferninho. Natasha Felix.
Cacto na boca. Gianni Gianni.
O clarão das frestas: dez lições de haicai encontradas na rua. Felipe Moreno.
Mostra monstra. Angélica Freitas.

Para conhecer a coleção completa, assinar o clube e doar uma assinatura, acesse:
www.circulodepoemas.com.br

**CÍRCULO
DE POEMAS**

Este livro foi composto em GT Alpina e
GT Flexa e impresso pela gráfica Ipsis em
novembro de 2024. Ainda não sei o que
fazer com os restos.